내 사랑하는 님은

내 사랑하는 님은

초판 1쇄 인쇄 | 2025년 12월 29일
지은이 | 정문선
펴낸이 | 이재욱(필명:이승훈)
펴낸곳 | 해드림출판사
주　소 | 서울 영등포구 경인로82길 3-4(문래동1가 39)
센터플러스빌딩 1004호(07371)
전 화 | 02-2612-5552
팩 스 | 02-2688-5568
E-mail | jlee5059@hanmail.net

등록번호　제2013-000076
등록일자　2008년 9월 29일

ISBN 979-11-5634-666-1

정문선 시집
내 사랑하는 님은
해드림출판사

책머리에

사랑한다는 말 없이 님은 떠났습니다. 사랑한다는 말 없이 님을 보냈습니다.

첫 시집을 내고 많은 세월이 흘렀네요. 하루 또 하루 울음으로 배워가는 어린아이로 변하고 있습니다. 매일 내가 모르는 미지의 나라로 깊은 믿음 없이는 두려운 곳으로 떠내려갑니다. 언제나 학문을 좋아하시던 어머니를 생각하며 별이 되신 어머님께서 자식들이 보고 싶어 반짝 일 때마다 부족한 시들이지만 나름대로 절실했던 삶의 일기장에서 끌어낸 84세에 내어놓은 시들을 읽으며 행복하시기를 소망합니다. 그동안 바다에 떠돌던 시들을 건져 엮었습니다.

비가 오면 떠내려가는 엄마의 무덤으로 울어대는 개구리의 울음으로 쓴 시들을 이젠 건강이 허락지 않아 갈 수 없는 고향의 어머니 봉분으로 부칩니다.

사랑하는 딸과 사위 손자 손녀, 고향을 지키는 동생들에게 못다 한 말들도 있습니다.

이제 더 정리할 시간이 없을 것 같아 다듬지 못한 부족한 시들을 내놓습니다.

2025년 시월 어느 날

정문선

차례

1부 풀꽃 할머니

3부 그림자

1부

풀꽃 할머니

하얀 국화의 눈물은

숭례문이 불타고 있는 엄청난 속보
태평양 건너 미국까지 들려오는
심장 터지는 소식

화염에 싸여 동동거리는
백성들의 놀란 눈에서
타고 또 타더니 무너져 내린다

한 사람의 미움, 한 사람의 잘못이
대한의 수도 서울 한가운데 우뚝 서서
자랑으로 지켜오던 숭례문에 불을 질렀다

있을 수 없는
있어서는 안 되는 처참한 광경
멀리 와 있어도 마주하던
숭례문 기왓장이 허물어질 때
고향을 떠나온 우리도 주저앉는다

육백 년간 이어온 조상의 넋이
검게 탄 기둥만 남은 뒤늦은 참회는
하얀 국화들의 눈물은 언제나 그치려나

십자가 아래에

무거운 십자가에
몇만 번 넘어지는 믿음

얄팍한 기도로
다가갈 수 없는 그분 곁

죽음이 오면
때 늦은 줄 알면서
용서만을 바랍니다

수난의 고독한 기도를
묵상하던
부활의 영광을 생각하며

되풀이되는가
부정에서
벗어나고 싶다

참된 뉘우침으로
하얀 미사보 쓰고
무릎 꿇게 해 주소서

가을로 보내는 편지

해마다 잊지 않고 피고 지는
코스모스의 향내가
즐겨 입는 블라우스 사이로 지나는
가을바람으로

처음이고 마지막일 것 같은
가을 그리는
황금빛 국화와 함께
편지를 띄운다

철새 편에 보내는 사연엔
사랑했던 기억들이 있다
지금은 늙어가고 있는 제자들
보고파도 꿈에서만 볼 수 있는
눈물 젖은 부모님

한 번만이라도 다시 안기고 싶은 님
지난여름 날 오후 찌들었든 모습에

생기를 넣어준 가을로

귀뚜라미 소리 들으며
인생의 노을 타는 가을 그림에 서서
고즈넉이 쓴
고백 같은 편지를 띄운다

꼭 닮았다

거울 속에서
지우고 싶었던
엄마 얼굴을 본다

가난때문에
많은 사람에게서
소외되었던
엄마 얼굴을 본다

드문드문 속살이 보이는
하얗게 변해가는 머리카락
꼭 닮았다

한 세대를 지나고
세상이 달라져도
변함없이
주검으로 보내지는 세월
꼭 닮았다

형태가 조금 변한 가난
허기진 배꼽만 보이지 않는가에
다를 바 없는 빈 가슴속 가난
꼭 닮았다

큰별
_김수환 추기경님을 추모하며

고맙습니다
겸손의 한 말씀
가벼이 남기시고 떠나셨다

가까이서 볼 수 있었던
사랑의 미소는
이제 볼 수 없다

그래서
더 크고 넓게 남아
비나리는 이 밤도
그분을 위해 기도하러 운전대를 잡는다

믿는 이 모두
내리는 비마저도
두 손 모은다

전생을 가난 위하여

마음 나누시고
숨 없는 몸마저 나누시며
눈 감으신 분

큰 별이 떨어진 밤

기다림보다는

이제 기다림은
색동으로 접어두고
당신 계신 곳으로 찾아 나서렵니다

어디에선가 부르고 있을 소리에
두 귀를 쫑긋할 때마다
외로웠던 숨소리 멀어집니다

거울 속 눈동자는 나만의 비밀
고독했던 모습은 서서히 사라지고
어깨를 시리던 찬 바람도
죽었던 만물도
따스하게 깨어나는 봄

부활의 기지개 앞으로
발길을 옮겨 놓습니다

기다림보다는 다가가는 것이

지혜롭다고
잃어버린 믿음이
겸손으로 손짓을 합니다

날벼락

남편도 가고 엄마도 떠나고
세월의 주름 사이에 젖어
뒷걸음 걷던 어느 날

하나뿐인 딸에게서
오랜만에 걸려온 전화로
절규하는 목소리

딸내미가
죽을병에 걸렸다고

지옥으로 떨어지는
통곡의 소리
너무 아프다

주여
어찌하여 어찌하여
저를 버리시나이까

먼저 간 당신들이
행복이었던가

세월 따라

어릴 때는
부모 말씀에 귀 기울이고
자라면서 학업에 충실하고

사춘기를 넘어 자산 모으기
결혼 후엔 자식 돌보기

중년이 되어 약해가는
내 몸 살피기
열심히 착하게 살아온 세월

세월 따라
그분께로 가는 기도뿐인 지금
편안하다

아픔과 슬픔을 감사히 받아
고요히 기도드릴 수 있는 지금

문명 따라 삶은 미완성이라도
세월 따라 최선을 다했다는
가을이라 더 아름다운
하늘 생각으로 편안하다

다람쥐와 마리

우리 집 앞마당에
다람쥐 한 마리가 이민왔다

하루도 빠짐없이
감나무 잎 사이로 얼굴 내밀고
애견 마리의 속을 태운다

날쌔긴 해도
나무 타는 건 천성적으로 몰라
잡혀줄 듯 꼬리를 치다 사라진 쪽
하늘에 머문 마리의 눈

알밤일랑 볼 수 없는 정원
전선 곡예를 하다 제멋에 지쳐
자취를 감춘 허공만 바라보고

조심스레 걷던 텃밭도 잊어버린 채
하늘만 쳐다보며 좇아다니는 마리

벌써 오랜 세월 아는 사이건만
한 번도 손잡아 본 일이 없는
한 쌍의 놀이

나의 소중한 꽃 분은 성할 날이 없다

자카란타 나무 아래서

모두 비우고 남김으로 아름다울
노인 아파트를 지키듯 나란히 서 있는 자카란타 나무
잔가지를 건드리는 바람에서도 기침 소리 들리며
산통 같은 아픔으로도 그리움만 쌓인다

떨어진 잎들의 숨은 슬픔을 나누다
너도나도 자카란타가 되어버린
보랏빛 잔디의 향기를 맡으며
잃어버린 세월을 기도로 내리우는 우듬지
가장 고운 향기가 난다

좋은 것은 자식에게 주고
뼈만 남아 촛불을 태우는 꽃들의 향기에는
딸내미가 목숨을 잃으려 할 때
꺼져가는 숨을 살렸던 사랑이 있다

산다는 의미를 알고자 하는
노을 지는 하루의 끝에서

잊혀진 일요일

주일미사 빠지면
마귀라 소리치던
젊은 엄마

이젠 일요일도
코, 입, 손등에
대롱대롱 링거 줄, 달고

햇빛도 달빛도 모르고
하얀 머리 내놓고
잠만 잔다

즐겨 가꾸시던 채소밭
익어가는 호박넝쿨이
목말라 말라가도

하얀 머리로 잠만 잔다

시 쓰는 친구들

아름다운 영혼이
닦은 시들을 들고
커피 한 잔으로
인사를 나누는 시모임
옥토에 씨를 뿌린다

마음의 알맹이를 담은 시어는
구름을 타다 비가 되기도 하고

씨앗 덮은 흙은 곱게 다져지며
파랗게 돋아나는 잎들이
싱그럽게 노래하네

계절 따라 달리 피는 꽃들의 고뇌는
위안이 되고
향기가 빚어낸 바람이 경청하니

깊은 산 옹달샘도 돌아보는

세상을 향한 시 몸통들이
나눔의 빛이 된다

겨울이야

가을 의자에 앉아 쉬는 친구들은
흩날리는 낙엽을 바라보며
말이 없어

그 자리에 두고 혼자
겨울 문턱을 넘었다
방안엔 지팡이 목발 찜질 패드에
병실 냄새를 풍기고

십자가가 입 다물고 가여운 눈으로
쓰다만 원고지를 내려다본다

손가락 하나 다쳐도
온 신경이 거기로 쏠리는데
허리를 가르고 망치질을 했으니
말이야

아름다운 선물로 보내 지려고

수많이 잘려나간 꽃나무의 가지들은
얼마나 슬픈 이별의 포옹들을 했을까

봄을 기다리는 마음마저
가질 기력이 떨어진
모르는 의미를 찾으며
긴 겨울을 보낸다

수술 후에

외출 금지의 진단이 내린
허리 수술 후
친구도 가고 세월도 갔다

보여주기 위한 모습
감추고 싶은 마음이
십자가 앞에서 변한다

자식이 죽음의 고비와 싸우기보다
낫다는 스스로 위안에서
십자가를 지신 마음을 알아차리고
아픔이 지나간 설은 길에서
겸손의 기도를 배운다

오랜만에 어질러진 부엌과
책상 위의 먼지를 털어내며
잃어버린 영육을 위해
가다듬던 외로움이

꽃으로 피고자 한다

꿈틀거리는 꼬치들이
정교한 비단옷을 만드는 인내로
아픔을 이긴 축복의 뜻이
향기를 내고자 한다

풀꽃 할머니

구십이 되어도
아픈 데가 없다고
건강을 자랑하시는 할머니
노인 아파트에 산다

돈은 있어도
운전을 못 해
꽃 한 송이 사러 갈 수가 없다는 것이
불만

길가에 핀 꽃을 한참이나
들여다보더니
풀꽃 한주먹 꺾어들고
살그머니 방으로 들어간다

숨죽여 오던
고된 삶 접고
풀꽃으로 행복하다는 그분

빗방울이 창틀에 앉아
온 집안을 흔든다는 말처럼
그 할머니의 모습이
내 마음을 흔들어 놓는다

세상에 이런 일이

사랑하는 님이 떠난 것처럼
믿음의 모범이었던 자매님이 제 곁을
한마디 말도 없이 떠났습니다

아픈 것도 아니고
저승으로 간 것도 아닙니다
성체실에서 엎드려 기도하던 그녀가
뒷모습만 보이며 성체를 모시던 친구가
먼곳으로 사라졌습니다
내 앞에서 영성체를 모시던 엄마가
가버리듯 떠났습니다

눈을 뜨고도 참사랑을 못 알아차린
바보 겉돌이
많은 친구에게 양보만 했던 짝사랑
가슴을 텅 비워놓은 빈 자리에
기억으로 찾아오는 목소리
평화를 비는 순간에 찡긋 미소짓던

모습뿐입니다

내게는 일어나지 말아야 했던 이별
지금 나는 작은 두 눈의 필름으로
내 마음 담아 찍고 싶은 사진 한 장 있습니다
이별의 한마디를 붙들고 떠난 벗의 마음을

아름다운 선물

팔십 세 살의 노인이
만남으로 신이나 운전하여
선배와 식사를 함께 하는 날

격조 없이 나누는 이야기에
정이 쌓이고

그녀가 뒤뜰에서 꺾어
정성 어린 포장지에 안겨 온
아름다운 선물 장미꽃이

쓸쓸한 내 방에
환한 기운을 날리며 지나는 시간
조용한 미소로 말한
마음이란 여러 색조의 시어가
허밍버드의 노래가 되어

내 젊은 날의 출판기념회에서

새하얀 학춤을 연출해주었던 추억을
빛의 마술 카메라처럼
떠올리는 설렘으로 행복을 준다

영원을 향하여

아담과 에와를 생각하는 벌거벗은 몸으로
뜨거운 탕에 들어간다
넘실거리는 죄들을 알몸으로부터 닦아낸다
비눗물로 거품 내니 세속 치장들이
땀으로 흘러내린다
무덤 같은 번민이 사라진다

사랑하는 이만 볼 수 있는 벗겨진 몸에
그분의 눈길이 지나간다
긴치마 속으로 감춰졌던 짧은 다리도
커튼처럼 겹쳐지는 뱃살 주름도
탱탱 살이 오른다

모든 것 다 보여 주면서도
부끄러움 없이 쉴 수 있는 곳이기에
찢어진 휴지처럼 부서진 마음들이
휴식하는 피서지가 된다

남아있는 이승의 끝을 위하여
저세상의 시작을 향하여
언제나 높이 변함없는 당신을 바라보는 곳에서
낮은 곳에서 위를 바라보는 꿈
벗은 것들의 빛으로 향한 그리움

목련꽃 수녀님

목련꽃 이야기
나누던 그 날이 마지막 모습
떠났다는 말 듣고 돌아온 자목련 그늘
머리 숙여 못 견디게 그리운 마음

우울함이 옥죄고 있는 그물망에서
종일 그분의 자작시 낭송을 듣는다
잘 다듬어진 맑은 음 사이로
여든이란 아름다운 하모니를 듣는다
그분의 시심은 그 순수의 영혼 빛은
어디서 온 것일까
떠날 준비를 빈틈없이 하며
병들지 않으려는 사랑이 곱고도 슬퍼서
울음이 나온다
모두 비우고 이별의 차비하는
보내기 아까운 생명

무엇인가

화들짝 놀라 바라본 목련 새싹에
구름 위로 걸어온 봄처럼 서 계신 그분
우아하고 고귀하신 검은 옷차림으로
해맑은 미소
구원의 신비 같은 모습
영원한 말씀으로 만개한 사월의 봄과 함께

무지개 마을

등뼈가 보이는 키 큰 대나무 숲을 지나
골짜기 사잇물이 흐르는 산 밑
마을엔 바위들이 살고있다
낙엽들만 가득 찬 빈집들이
하나씩 직녀의 눈물로 젖어간다

꼬불꼬불 이어지는
산길 옆에 핀 꽃들이 고운 것은
힘들게 길어 올린 물 때문인가
엄마의 세월을 담고 그녀의 텃밭을
가꾼 숱한 시간 허리는 휘어졌다
희미해지는 산허리 우체통에 쌓인
그리움들이 화롯불을 적시고
세월만 쌓고 있을 때면 하늘만 바라본다

낮에는 잿빛 구름이 파랗게 물들고
멀찌감치 산들은 하얀 마음 좋아서

기지개를 켜보고 싶은 겨울나무는
아랑곳없이
추운 줄도 모르고 내리는 숨이 끊어질 듯한
설산의 손짓을 바람으로 보내며
발목을 잡고 놓지 않는
별들의 벗이 되어주는 밤
그 밤에 젖는다

화원을 거닐다

꽃바람 소리
봄의 소나티네가 들려오는 봄
오랜만에 화원에 갔다

고향의 하얀 눈처럼 피어난
캘리포니아의 카라가
웃음을 머금고

서재를 돋보이며 계절을 상관 않는
난의 도도함이 눈길을 끌고
선인장이 꽃 피워 맵시 내고 있다

잎이 피면 핀대로 잎이 지면 진대로
바람에 젖는 나무들과 함께
꽃들을 돌고 도는
빛바랜 온갖 회상이
발길을 묶는다

담쟁이

나무가 되고 싶어 잠 못 드는 날들
기도로 새우는 엄마의 마음이 담아진
촛불 타는 소리에 깨어나
벽에 달라붙은 채
나무 모양을 흉내 내어 기어오른다

단풍이 다가와 빨개지다
다시 봄의 정령이 오면 새싹 끌어
등에 업고
새싹 향기 따라 바위처럼 큰집 등에 업고
기어가는 달팽이 침 흘리는 소리로

내 마음에 별빛 떨어지는 적막이
후드득 떨어대는 밤의 소리로
돌담 위에 걸린 달 잡으려고
여린 손 내밀어
밤의 고요를 흩트리며 기어오른다

오색 손을 흔들며 별들이 쏟아질 것 같다

놀부의 이기심

제비 각시 부른 배 안고
날마다 마른 잎 물어오고
가벼운 깃털도 물어오고
솜털도 안고 오고 검부러기도 물어와

알 품고 사랑하는 연인들
반달 모양의 예쁜 둥지 가졌다

심술 난 홀 아비
새똥 싫다 빗자루 날려
집 헐리니
재빠른 개 새알 덮쳤네

먼 비행에서 잎 하나 내려놓고
부리 닦던 잉꼬부부 보고 싶어
외로운 놀부
마른 가지 재어 새집 짓고
붙박이처럼 숨죽이며

기다리는 후회
새들도 소문 빨라 고개 돌리고
다시 찾아오지 않는 제비 부부

열린 창문이 외로운 감옥
한숨 소리 높아가네

2부

엄마의 눈

봄 편지

매화꽃 다듬어. 꽃꽂이하고
따끈한 차 한 잔으로
봄의 향기에 취해 쓴 편지
수신인 없어 내 마음으로 부친다

앞마당은 나비들이 수놓은
한 폭의 넓은 병풍
하늘이 내리는 은혜의 꽃들이
피어난다

외로움이 부끄러워
풀 뽑는 손
행복한 농부를 닮고 싶어
지난가을부터 낙엽 따라 터져버린

7도쯤 기울어진 고독을 쓸어내는
봄꽃 피는 뜨락에서
기습 찬바람을 몰아낸 봄에

빛고운 연둣빛 아기 순이 되어
태양을 향한 환한 날갯짓하고
감사편지를 띄우고 싶다

바다

지평선 상의 바다는
정말 아름답다

멀리 날아와
먹이를 찾고 있는 갈매기
고생하는 조각배 어부의 모습
칠 벗겨진 의자까지도
바다는 아름답게 색칠한다

지평선이 좋아
제멋으로 춤추는 바다
많은 것을 내어주면서
가장 아름다운 그림을 그린다

잔잔한 바다에 취해 따라가면
고향도 있고 어머니도 보인다

바다가 있으면 모든 것이 아름답다

그리움 앓이가 앓다가
외로움 되는 것마저도
미화시킨다

그날

하늘이 산산이 부서지던
그날

고향 땅에서
어머니 마지막 길을 지키던
동생 전화

달력의 그림만 달라진 오늘
그날 그 부서진 기억

뒤숭숭한 꿈속에서
모습을 드러낸 엄마를 잡으며
소리치는 손은 감각이 없다

영원히 채울 수 없는 목마름
그 이별!
목이 아프다
눈이 뜨겁다

박제

백설같은 흰 곰
발바닥만 한 새끼의 눈과
마주치며
꼼짝도 할 수 없는 그대로인 모습

내장을 긁히고
내가 아닌
다른 것으로 속이 채워져
찡그리지도
웃지도 못하는 무표정

손만 대지 않으면
전시장을 만든
캐나다 카리부 크로씽(caribou crossing)
마을의 주인님이 즐거울

생명을 빼앗기고
부화할 수 없는
슬픈 박제

사랑

딸이
혼자이고 싶단다

부모의 오랜 불치병에
효자가 없다는 위로처럼

죽고 못 살던
잉꼬였던 그 부부도
칠 년의 사랑을
미움의 유혹 앞에서

갈라지고 싶다고
소리가 난다

세상에 찢겨
아픈 아이

따뜻한 열달 뱃속에

다시
집어넣고 싶은
엄마의 갈등

대—한민국 짝짝

로스앤젤레스에서 나이아가라로
가기 위해 멈춘 뉴욕에서
호텔 아침 식사를 시작할 때
티브이에서 우렁차게 들려오는
대_한민국 짝짝

어머 하는 사이 첫 골이 들어간다
귀에 익은 붉은 악마의 터지는 소리
끓어오르는 조국의 피

호텔 문을 열며 어느새
붉은 티셔츠의 무리 속에 내가
끼어 있다

엠파이어스테이트 빌딩 아래로
긴 역사에 지지 않는 이민자들의 외침
우리가 합쳐지는 소리

이민 생활 삼십 년 하며
여행길에 오른 나그네에게
들려오는 고국의 응원 소리
여행 가방 끌며 젊은이가 되어
한국
인으로서 붉은 악마 띠를 두른다

고향으로

문학상 받으러 가는 내 고향
내 몫의 행운을 찾으러 가는 본향
영하의 추위에 웅크린 싱싱한 12월의 고국 땅

쓸어모은 단풍잎으로 모닥불 피운 재가
휘날리던 향수로 멈출 수 없던 그리움
닫을 수 없는 눈물샘
가슴이 아파져도 고향으로 가는 마음 따뜻하다
하늘엔 구름 배가 몰려다니고
비행기는 그 위를 큰 새가 되어 날아간다

많이도 변해버린 거리마다 감회가 어지럽다
사십 년 만에 밟아보는 대한민국 서울의 거리
미니스커트에 하이힐의 내 모습
하얀 눈길에 서서 하늘이 울릴 웃음을 웃어댔는데
친구는 어디에 있는지
세월이 준 이별에 추억만이 목젖을 울린다

그동안 두 서너 번 왕복하긴 했어도
거동이 불편한 어머님 곁에만 맴돌았을 뿐 후회는 없다
엄마가 좋아하실 상 자식이 잘났다는 상
지금도 엄마가 계시면 그 곁에 있을걸 …

고독

가을 병 앓다 길 잃은
노랑나비 한 마리
숨져가는 빨간 달리아 꽃잎에
떨어질 듯 내려앉아 졸고 있다

눈도 오지 않는데
시린 바람은 발끝을 통해
살갗을 뚫고 가슴으로 들어오고

어디로 쓸려갔는지
자국마다 밟히던 낙엽 소리도 그치고
차가운 바람 너라도
나를 위로하려나

적막을 깨고 뒷마당 울타리를
텃세하며 홀로 짖어대는 진도 마리

병환으로 놓지 않는 기도마저 잊고

죽은 듯 누워있는 어머니
누가
이 겨울을 함께 지내주지 않으려나

참아왔던 그리움
입 다물고 손톱 깨문다

카바레의 유혹

반짝번쩍 원색의 샹들리에
어울리는 흘러간 무도곡이
대목 맞은 장사꾼의 홍얼거림인 양
신나게 넘쳐흐르고

월페어로 살아가는
안경 쓴 할머니
휘청거리는 몸매로
제비와 춤춘다

요즈음 운동이라 좋아하던 한 친구
춤추다 암 걸려
영원으로 가고 없는데
귀를 때리는 어지러운 댄스는
미치고 있다

현란한 분위기는 요부에게
끼 하나 달아주고

백발할아버지 가버린 세월을 잊는다

추어라
미운 오리 새끼처럼
백조 되의 날 꿈꾸며

쌀벌레의 여행

쌀통에 벌레 한 마리 보았는데
어디에 숨어 사랑했는지
쌀 색깔이 검게 변했다

신문지를 펴 쌀을 쏟았다.
검정 쌀벌레들이 신문에 실린
기사 사이로 흩어져
사방팔방 가고 싶은 곳으로 간다

나도 따라간다
이태리
알래스카 산을 넘으려는
다른 한 마리

손톱으로 으깨도
죽은듯하다 꿈틀거리는
작은 것들의 생명

다시 은싸락으로 변한 쌀
통속에 넣으며
쌀벌레의 거인 쿠르소가 된
나의 삶을 돌아본다

언제나 감사

모든 것에 감사하라

주검까지도
감사만을 노래하시던
엄마가 돌아 가신 후
내 잘못을 알아감에 감사

알아낼 수도 없었던 죄까지도
고백소에서 고하면
성사의 보속으로
용서해 주심에 감사

그러나 남편의 주검에
주검을 생각하는
자식의 고통에 감사 못 함은

십자가 아래의 믿음
그분의 말씀
어렵기만 하다

엄마의 눈

내가 죽으면 눈은
눈먼 사람에게 기증하여라

칠흑 같은 어둠에서
광명한 새 세상을 살게 될
그 사람으로
사랑하는 너를 다시 보게 돼

좋은 눈을 가졌다고
자랑으로 사시던 엄마의 눈
갑자기 혈관이 터져
시력을 잃었다

다짐하고 타이르시던
따뜻한 엄마의 꿈은 사라지고
슬픔은 등대 없는
밤바다로 흘러간다

서리 풀

반백 년 만에
로스앤젤레스에
눈이 왔다는 소식이다

고향에서처럼 추운 겨울이 없던
우리 집에도
파랗던 잔디 위에
눈 같은 서리가 왔다

십오 년 전 이 집에 이사 온 이후로
앞마당 잔디가
깡그리 망가진 일은 처음

죽어버린 땅 위로 풀이 솟아난다
지겹도록 뽑아내던 풀들의 생명력에
하얀 항복의 기를 들고 서 있다

삼십삼 명의 죽음

시무룩하던 아이
총을 쐈다

혼자서도 편치 않게
화가 나
총으로 죽이고 숨진 아이
33이란 버지니아 숫자를
예수님 돌아가신 나이라고
착각하였나 보다

병든 몸
철썩이는 파도에만
얼굴을 비비다
육지로 다가오지 못하고
아픔만 쌓았네

고독한 바람 사이로
미친 서러움에
희생된 영혼들을 기도한다

어머니

일요일도 아닌데
휘청거리는 지팡이로
성당 다녀와서

아프다 리 끌고
목욕물에 들어서는 엄마
한 자 밖에 되지 않는 물이
철퍼덕
소리를 낸다

교통사고로 수술을 했지만
몇 달이 지나도
굽혀지지 않는 무릎으로
엉덩방아를 찧는다

엄마는 가고
이십 년이 지난 지금
내가 그 소리를 내고 있네요

엄마!

철퍼덕!

……….

보고 싶어요

아기 찬사

쌍둥이를 낳아
한없이 감사하는 기도

관절염으로 무릎이 쑤셔도
손자 손녀의
잠든 미소에 스르르 녹는다

다칠세라
배고플세라
정성에 답하며 기고 서고

작은 거인처럼
하얀 웃음과 울음으로
엄마의 꿈도 아빠의 바다도 쪼갠다

말없이 베게 옆으로
얼굴을 댄다

말은 못 해도 울음과 생긋 미소로
까르륵
나의 기쁨이다

베가스를 뒤로

하늘의 별보다 많았던
도박장의 현란한 불빛은
사라지고 비가 내린다

돈도 마음도 잃어버린
차들과 사람들만이 붐비는
시가지

베르사유 궁전 같은
화려한 건물들은 사라지고
신데렐라의 쥐 두 마리가
방향을 찾고 있다

끝도 없이 부대끼는 스트레스를
풀었다고 집으로 돌아가는 도로변
좌수아 추리는 봄을 향해
잎을 트고

저 멀리엔 햇빛이 구름을 갈라
설산을 타내려 오는 듯
황홀하다
봄비를 맞으며 그곳으로
핸들을 돌린다

게티(Getty) 센터를 찾아

로스앤젤레스 북쪽 하얀 박물관
프리웨이 위로 달리는
전차를 만났다

물에 뜬 꽃무(Bowles' Mauve)
파노라마 경치로
아름다움의 극치

유럽의 향기로 채워진 실내
모네의 물백합
고흐의 푸른 잎으로 춤추는
남색 난 앞에서 머물다가

드가의 무희 곁을 지나
바위가 목욕하는 연못에서
다리를 놓는다

아직도 얼룩져 있는 얼굴

가시 박힌 노을빛
한시도 잊을 수 없는
고향 그리는 그림

메디케어를 받으니

메디케어 카드가 우편으로 와서
봄바람을 시리게 한다
고려 시절 나이 칠십이면
살아있는 부모를 지게에 지고 가
산속에 내버리고 왔다지

기억의 고막을 두드린다
메디케어는 수만 가지 꽃으로 장식된
우아한 목마

가난으로 앓고 있는 젊은 친구가
부러움으로 축하를 던진다

미래의 상여를 연상하던 나
갑자기 아프기 시작한다
자식보다 낫게 평가되는 제도

이민 생활의 첫 선물

그 혜택을 받게 되었는데
저승으로 가는 길목에 들어선 것 같은
설움이여

머리를 다듬으러

단골 미용실이 문이 잠겨
쉽게 눈에 띄는 곳으로 들어갔다
롤만 말면 되는 것이라 누구든 상관없이
들어선 흑인 미용실
미용사는 감고 온 머리를 다시 감기고
다듬는다

티브이도 흑인 드라마이고 모든 것이
처음 이민 온 낯선 거리처럼 다르다

발바닥만 하얀 흑인 손님들
화려한 분홍 원피스가 어울리는
여자 손님은 한국 스타일로 곱슬머리를
풀어 내린 멋쟁이

옆자리로 앉는데
이목구비와 스타일이 빠지는데 없고
향수도 뿌렸지만, 흑인 특유의

냄새가 난다

비싼 요금
친구 딸 결혼식이 끝나기가 무섭게 달려와
나에게도 냄새가 나는 바가지 쓴
비싼 머리 감으며

낯선 외국 사람에게 이익을 챙겼다던
이태원 골목을 생각했다

전화를 기다리는 시간

엄마가 걱정되어
멀리 시애틀까지 수술하러 가면서
병원 이름도 가르쳐 주지 않았다

잘 도착했다는 전화 이후로
소식이 없다
촛불마다 딸의 사진을 밝힌다

아프지 않은 몸으로
다시 태어나기를 기도하며
기다리는 전화
수술이 무사히 끝났다는 전화

시간이 지나도 오지 않는 벨 소리
가슴을 조인다
일어났다 앉았다 수없이 반복되는
피 마르는 기다림

친구의 위로 전화도 급히 끝내고

전화기만 바라본다
벨 소리마다 엄마 찾는 소리 같아
깜짝깜짝 놀란다

주님! 용서해주세요 할만큼 하셨잖아요
불평도 한다 시비까지 한다
모두가 제 잘못입니다
또 기도를 한다

올림픽 소식

드디어 선수들의 얼굴이 보인다
대한민국 국기가 올라간다
삶에 지쳐 잊어버린 애국심이
환호성을 울린다

금메달을 향해 달리던
가파른 숨결이여
빛나는 눈빛이여
통곡 같은 기쁨의 승리여

조국의 절규 같은
서러움을 이겨낸
호각소리 들리고
나팔소리 우렁차다

감격하는 아나운서의
울음 같은 외침이
전파를 타고
동포의 감동을 후벼낸다

3부

그림자

우체국에서

한해가 끝나는 달
긴 고독을 씻어준 첫 시집을
소중히

흩어져 살고있는
벗들에게 보낸다

밤새우며
포장한 시집 꾸러미로
단골손님처럼 드나들던 우체국

보내는 즐거움에
크리스마스 우표를 골라 부치고
큰 우체통 입으로
쑥쑥 집어넣는다

종부성사

생명보다 아끼시던
묵주를
평생 놓지 않으시던 어머니

의식을 잃으면서 빠트리고
조용히 받으시던 종부성사

언제나 타인에게만 있었던
이 세상 마지막 성사

어머니 앞에서 눈물을
감출 수 없어 뛰쳐나와
불효의 울음 터트린다

엄마 엄마……

심한 기침 할 때마다
지켜보는 자식의 사랑

죽음 같은 고통
엄마의 종부성사 앞에서
고개를 들지 못한다

그림자

빛이 내리는 곳엔
어느 것 하나
그림자 없는 것이 없네

바닷바람으로 부서진
잔돌까지도 그림자를 드리우고
등불이 흘깃 쳐다보는 옆 광이 내린
긴 그림자
깃털처럼 가볍다

밟히고 꺾여 저도 묵묵히 따르는 분신
밤새 재운 맑은 호숫가에
서고 싶은 꿈

바깥출입을 할 수 없는 병실에서
줄어든 그림자
가끔
친구들 찾아오는 날이
제 그림자 보는 날이라네

포도의 삶

첫 싹이 터
관상 묘목처럼
예쁜 초록 넝쿨로

풍성한 열매 맺는
다복한 삶

하는 짓도 곱게
익어가는 소리에
가슴이 터진 소년
도화지 위에 포도송이
올려놓았다

때로는 포도 주되어
잠 못 드는 깊은 밤
친구가 되고
씨알마저 약이 되어주네

이도리 식당

화투로 돈을 벌어 이도리란 이름인
파리의 한국식당

아침마다 팽개치는 꽃밭의 달팽이로
아침 식사가 준비되고
작은 소주 컵에 커피가 나온다

쓴 커피잔에는
루이 14세의 부귀가 떠 있고
실지로는 미소가 없었다는
모나리자의 미소가 걸린
루브르박물관도 떠 있다

손님이 온다는 솔
님이 온다는 매화
화장실 입구에도 걸어놓은
파리의 낭만과 고향의 향수

하루에 백 명 이상의 한국 관광객을
맞이한다는 식당
베르사가 궁전의 입장료도 부럽지 않단다

밤새 안녕하셨어요

영어가 서툰 할아버지와
연금신청 약속으로 모시러 간 날
그분의 장례였다

아내와 함께 팔베개 한 어둠 속에서
하룻밤 사이에 생사를 갈라놓은
심장마비였다

내일을 기약할 수 없는
인간의 삶을 지혜롭게 염려하는
조상님으로부터
내려온 인사

어젯밤에 퍼붓던 비가 그친
청아한 아침
떠오르는 그분의 모습
잊히지 않는 시

밤새 안녕하셨어요?

묘지의 아픔

세상 떠난 영들을 위해
애써 눈물을 감추어도
흘러내리는 빗물

누군가를 잃어버린
사람들의 만남

검은 옷 빛은
추모하는 꽃들마저
숙연하게 하고

아무도 말이 없는
이슬 맺힌 눈 맞춤의 인사

목멘 성가는
끊겼다 이어지며 잔디를 적신다

네 개의 촛불

한 달 전부터
제대 아래 놓인
네 개의 초

진보라 연보라 분홍 하얀색
짙은 회개의 보랏빛 초가 켜진
주일부터 성탄준비

연보라의 그림자 같은
진보라 회개만큼 조금씩
보속하며 열어 저가는 죄

하얘진 밝은 빛을
아기처럼 기뻐하며
구유 앞에 꿇으시는 어머님

신자들의 옷이나 머플러로
신부님 옷 색깔에 맞추어

간절한 소망
그분을 기다린다
메리 크리스마스

영성체의 힘

어머니로부터 받은 신앙
기도로 성당엘 간다

발길을 서성이게 하는
미운 사람이 걸어가고

오른편엔 평생
원수로 살고픈 사람이 앉았는데도
"용서하라"

어머님 말씀
겸손한 걸음으로 성당엘 들어선다

왼손을 오른손 위에 얹고
성체를 받는 순간

예수님이 보이기 때문이다
어머님 딸이 되기 때문이다

참된 나 자신을 보기 때문이다

성체를 모시고 제자리로 가는 동안
두 손의 합장에
천사 닮은 고운 마음이 되기 때문이다

웨딩

마리옽호텔 계단을
눈에 넣어도
아프지 않을 외딸이

드레스보다 곱게
웃으며 내려왔다

세상에서 제일 예쁜
신부를
흉내 내고 싶은 오리쌍쌍이
호수에서 띠뚱 뗴뚱

바이올린은
축가로 춤추고

모녀의 마음은
용광로가 흘러내리는
눈물로 춤추었다

"딸이 예뻐요"

모두

행복을 빌어주는 기쁜 날에

다이너마이트 사건

아버님 일찍 여위시고
홀로 오 남매를 키우신 어머님
언제나 묵주를 손에 들고 기도하시던
하얀 기도로
집보다 넓은 뒤뜰에서
호미 들고 채소를 가꾸셨다

낡은 파이프를 구리로 바꾸기 위해
땅 파던 일꾼이 다이너마이트를 발견
경찰까지 동원되고
신문기사까지 실렸던 영화 같은 사건

집주인 할아버지의 직업이 광부
뒷마당에 파묻고 치매로 돌아가신 것을
알아낸 황당한 사건
잊을 수 없다

멈춤이 없는

어머님의 기도가 아니었으면
지금의 나도 없다

하늘에 사시는 어머님께 모범상을
올려보내며
시작된 나의 하얀 기도

자줏빛 양파

반으로 잘린 양파가
힘살 같은 하얀 속살을
 내보이고
파란 새싹을 텄다

그렇게 한번 잘라내지도
못하고
가버린 남편의 간

수술해야 한다는 의사의 말로
놀란 힘없는 심장이
먼저 죽는다고 소리 질러

다섯 달을 살기 위한
마비되어가는 간을
바라만 본다

튼튼한 뿌리 하나 잡고

살아가는 양파 조각이
남편의 사진을 바라본다

망가진 정원

장미 향기 그윽하던
뒤뜰 정원에서 퀴퀴한 냄새가 난다

애견처럼 킁킁대며 추적한 곳
산딸기 넝쿨 아래 다람쥐의 사체
오 마이 갇
연거푸 비명을 지른다

며칠이 지나도 사라지지 않는 냄새
흙을 덮고 덮어도
기어 속에 박혀버린 악취
칠판의 지우게 처럼 지우지 못했다

나의 손바닥만 하던 다람쥐

깊이 파고 묻힌
어머님 생각이 난다

세월 속에서 참고 살았던 말을
혼자서 지우고 사신 서러움을

고향의 엄마 봉분은
그 냄새를 알고 있을 것이다

마지막 라이선스 시험

세월 따라 자카란다가 보랏빛 향연을 눈부시게
떨어트리는 잎들을 지나며
한참이나 이르게 DMV에 도착했더니
경비원이 10분 전까지 오라고 한다

통역을 위해 꽤 드나들었던 낯익은 곳인데
가슴이 쿵쾅댄다
70세 이상은 필기시험이 면제로 절차가 편해져서
눈 검사만 하면 되는데도
다음 5년 후에는 88세가 되니

귀에는 보청기를 넣고
빠진 머리는 가발로 젊음을 보충하고
가장 믿고 있는 시력마저
희미해져 가니 걱정이 된다

무사히 통과시켜준 시험관에게 지나칠 정도로
고맙다는 표시를 하고

혼자서라도 자축을 위한 장보기와 필요한 것을
고급으로 샀다

마지막 자격증이라고 생각하니
사무치게 그리운
하늘에서 사시는 부모님을 만난다는
기쁨보다

남겨둘 딸내미와 손자 손녀 생각에
눈시울이 토끼눈처럼 붉어진다

벚꽃이 필 때

봄의 향연으로 뜨고 있는 진해 관광
사진으로도 꽃송이 수까지 셀 수 있는
정든 내 고향 광고가 마음을 흔든다

꽃보다 손님들의 주머니를 보며
포장마차에서 손을 놀리고 있었던
어머니 치마폭에 심겨 두었던 꿈

벚꽃이 필 때면 터지고 싶은 가슴앓이로
마음 창가에 빗장을 꽂는다
어릴 적
저 희미해 저가는 광복의 깃발처럼
휘날리는 왕벚꽃
시한부의 한이 떠 있는 이파리들
봄볕을 즐기실 어머니 봉분 위로 내리겠지

핏빛 진달래 꽃잎 사이로 하얀 미소를 지으실까
가고파 가고파서

한 줌 재가 되고 싶다

보이지 않는 눈 비비며
기다리고 있을 당신의 그리움을 어찌하지 못해
밤마다 눈 마개를 쓴다

데스밸리의 비밀

모든 것이 사라졌고
아직도 죽어있는 계곡

날마다 내리는 빛이
바람에 굽혀 있는 계곡
부활을 믿고 있네

수백 년 무한한 깊이로
겹겹이 쌓인 짜디짠 소금 무덤 속
빛이 들어가고

모래와 바람이 앞뒤를 다투며
완전한 새 삶을 위해
날아다닌다

수없이 형상을 쌓고
무너지며 지우고 그리는
고백일랑 필요치 않은

새 얼굴을 위해
날마다 삶을 만들고 있다

LA DMV에서

웨스턴 222가 길 20년 전에
라이선스를 따려고 가슴 조렸던 곳
오늘도 예외 없이 많은 사람이 줄을 서 있다

수요일은 9시에 오픈해서
다른 날 보다 더 혼란을 일으키는 오전 8시 풍경
입구 창가에 붙은 시간표를 바라보곤
되돌아가는 차 소리가 요란하다

시멘트 바닥에 주저앉은 사람들
성조기에는 관심 없어 굳게 닫힌 문을
열어 줄 기 올리는 사람만이 반갑다

태극기가 올라간다면 이민자들만 모인 곳이라도
내 손을 가슴에다 올렸을 것을

입구의 문 안만을 주시하는 내려앉은 눈빛들은
쏘셜카드에 USA 도장만 찍힌

미국인 아닌 귀하 시민이다
국기를 바라볼 순수한 미국인은 어디 있는가

날마다 끊기지 않는 긴 줄에 파란 눈은 없다
어머니 같은 노인들을 위해 봉사도 하지만
통역으로 돈 벌기 위해 여기 서 있는 키 작은 나

이 줄에 낄 때마다 태극기가 올라가는
시청이 내려다보이는 고향 아침 뒷산으로
나의 눈은 바람을 쫓아간다

세상은 달리는데

어머니 간호하느라 집안에만 있었는데
옷 정리도 못했나 보다
어깨가 시려 열어본 옷장에는
여름옷이 걸려있고

창밖은 고즈넉한 만추인데
성급한 크리스마스 캐럴 들려온다

시 공부하러 시간에 맞추어
집 떠나던 오후 여섯 시 십 분은
땅거미 어둠에 깔려 낯선 듯
운전대가 휘청인다

세상은 달리는데
머물러야 하는 나의 삶
가장 잘 선택한 자식의 길

달 밝은 가을 한 철 못 보았다고

후회가 있을까

이 몸 키워주신 엄마의 따뜻한 바람
달리지 않는 세상 속에서
언제나 젖은 내 마음
훈훈히 말려주는 것을

시민권이 뭐길래

팔순을 바라보며
시민권 시험 통역
오늘도 한 친구를 기쁘게 해주었다

장애인으로 영어공부가 어려웠다는
어두운 얼굴
오랜만에 활짝 핀 기쁨을 본다

어려운 삶에 살아온 그녀
자랑스러운 이력 하나 생겼다고
소문내 줄 기자까지 찾는 농담

덩달아 들뜨는 마음
보람된 날이다

채소를 사며 몇 푼을 아끼던 그녀가
오늘은 백 달러 쏘는
웃음이 예쁘다

소박한 웃음에
내가 살아가는 이유도 있어
시민권이 뭐래도
즐거웠던 하루

장복산

우뚝 솟은
장복산 달빛 아래
휘파람 따라 손잡고 거닐던
군항 도시 진해

사월 되면 벚꽃 잔치
화려한 거리에 맞춰
곁들여 심어진
진달래 개나리가 더 고운
꽃마을 내 고향

가난이 싫어 가버린
그 사람 그리워
재니 기타 뜯으며
홀로된 고독으로

봄비 타고 찾아가는
내 고향 뒷산

장미와 강아지

닮은 점이라곤 없는
장미와 마리
십 년이 넘게 함께 산다

가시를 내보이지 않는
장미 옆에서 실례를 모르고
급해서 건너편 울타리에 실수하면
말없이 향기 풍겨 악취를 덮어주는
그녀 곁에서

목청 높여 짖으며
아름다움을 지켜주는 마리
닮지 않은 둘의 아름다운 조화

멕시코 엔시나다 선상에서
가장 매력적인 석양을 바라보며
지금은 기억 속에만 남겨진 지난 이야기

4부

드릴 수 없는 기도

창문을 열면

창문을 열 때마다
모습을 달리하는 뒤뜰

하나 똑 따서 불면
어린 시절을 소르르
떠올리는 꽈리처럼

오늘은　붉은 토마토가
먼저 입을 열었다
새들에게 얼굴 찍힌 자두는
땅에 떨어져 갈 곳을 모르고

씨뿌리지 않아도 바람으로 꽃핀
호박이 자라고 있는 뒷마당은
광부이신 할아버지가
다이너마이트를 파묻고
치매로 잊어버린 사건 등
가을 산 낙엽들의 사연만큼이나

많은 이야기가 있다

가족들 냄새가 묻어있는
흙의 향기는
내가 좋아하는 삶의 쉼터
열린 창가로 날려온다

올림픽 승리를 보며

대한의 얼굴이 보이고
국기가 보인다
이민의 삶에 지쳐 잊어버린
애국심이 환호성을 울린다

금메달을 향해 달리는
한국의 가파른 숨결이여
빛나는 눈빛이여

통곡 같은 기쁨이여
죽음을 각오한 승리여
국민의 절규여

키 작은 혓소리를 이겨낸
호각소리 들린다
나팔소리 우렁차다

알아들을 수 없도록 울먹이는

감격스러운 아나운서의 목소리가
전파를 타니
내 민족은 감동의 도가니로
세계를 딛고 선다

키가 큰 것도 넓은 세상도
겁날 것이 없네
목숨으로 갈고 닦았던 꿈의 성취로다

욕탕 사건

욕탕 수도꼭지가 고장이 나서
물이 새기 시작했다

남자가 없는 집
고민 끝에 옆집 아저씨가
고치고 나서
목욕하러 들어가신 어머니

한참 있다 더운물이
나오지 않는다는 고함

알몸으로 쪼그리고 앉아
더운물 나오기만 기다리던 어머니
화살표 하나가 망신이로다

불려온 아저씨
가스통까지 조사하고 나서
화살표가 거꾸로 된 것을 알아차렸다

찬물 화살표가 더운물이 나옴을

그 이후로
어머니는 감기로 고생을 하시는데
재미있어하는 옆집 아저씨
세상은 요지경이네

시민권 선서식에서

L.A 스포츠 아리나 코트에서
사천 명이 시민권자가 되려고
오천 명이 친구와 가족들
아침부터 긴 줄지어 입장한다

영어가 부족한 친구 도우러 간
나와 친구는 체구가 적어
인파 속에서 서로 놓칠세라
자리에 앉아 핸드폰 끌 때까지
손잡고 있었다

판사가 들어오자
모자 벗고 기립하여 오른손 들고
족보 바꾸려고 성조기 흔들며
감격하여 미국 국가를 부르고
축하의 포옹을 한다

영주권 반납하고 시민권 종이 받아들며

고마워하는 친구
나도 이십 년 전에 한 일인데
고향 생각 떠 올라 눈물이 났다

샌디에이고 동물원에서

사람이 만든 잠글
철장 없는 숲을 그리다
좌절된 긴 목이 짧아지는 사슴들

달아날까 쳐놓은 망 아래
날지 않고 앉아
목소리를 잃은 새들이 안쓰럽다

철모르는 작은 새들은
쉬지 않고 지저귀고
할아버지처럼 앉아 관광객들을
사로잡는 팬다는 긴 대나무 가지 하나 물고
식욕을 즐기는데, 아이들이 좋아 소리친다

평야를 잃어버린 기린은 달릴 줄을 모르고
긴 목을 꼬아 모이를 줍고 있는 플라멩코 춤은
환상의 세계를 펼친다

독뱀 앞에서 두려움 없이 즐기는 부모들은
자식 가르치기에 보람을 느끼며
힘들었던 나날을 잊고

내 마음은 고향에 계신 어머님 생각으로
하늘도 보이지 않는 그리움의 숲에 서 있다

드릴 수 없는 기도

딸이 원한다면 무엇이나 들어 주었다
정성을 다 바쳐 머리와 마음을 조아리고
삶의 터전 집도 주고
바닷속 진주알도 캐 주었다

주일미사 성체가 올라갈 때마다
아프지 않게 해 달라 기도드렸고
침대에 누워있는 아이라도 좋으니
살려만 주십사고 빌었다

그러나
노인도 아닌 젊은 딸이
위암에 걸려 수술해야 한다고
고통 없이 그저 죽게 해 달라는 기도는

순간도 머리에서 떠나지 않은 채
가슴을 치며 할 수 없는 기도였다

영원한 죄로 쓰러져 죽는다 해도
마음을 찢어대는 간절한 부탁을
들어줄 수 없는
엄마가 들어 줄 수 없는 기도

캐나다 록키로

산과 들 바람과 구름 하늘과 가까워지고 싶어
일상을 팽개치고 록키로 향한다
시인이 살았다던 벤프(Banff)시에도
제로마일(0mile)에서도 암시해주는 바람
참신한 정기는 하얀 눈으로 남아있다

가슴이 멎을듯한 소리를 지르며
발길은 산이 부르는 대로
호수가 얼굴을 들이대는 대로 따라간다

지친 영혼이 눈물로 감격하는
하느님이 아끼실듯한 장엄함
전능하신 그분께 자랑할 것이 없구나

돌아갈 때는 성숙한 얼굴로 살아갈 수 있는
침묵으로 깨우쳐 주시는 말씀
부족함이 움츠린다

맑고도 엄숙한 신비의 산
영원한 에메랄드를 간직한 루이스호수
빗방울 떨어지다 멎어버리고
모기떼는 수호신이라도 되려는 듯
재킷 속으로 침을 놓고
다람쥐는 새 얼굴의 호기심으로 갸웃 되다
동료들끼리 하던 놀이로 돌아간다

비 오는 날에

문득 옛집이 보고파서
차를 몰고 나왔다

빗방울이 올챙이 헤엄치듯 얼룩지고
울고 있는 얼굴이 보이지 않는 차창 밖으로
차는 헛발질을 하며 걷는다

내 손발이 수시로 닿던 추억의 거리
내 집도 보이고 목련꽃도 활짝 피어있고

작은 손으로 손수 엮어 만든
철망 문도 아른거린다
선한 그이의 얼굴이 있고
생각만 해도 눈물 나는
그리운 엄마의 미소가 보인다

귀여운 손자 손녀의 재롱이
내 눈물을 닦고 있는데도

모르네

신바람에 까불다가
머리보다 먼저
툭 ㅡ 틴
말 한마디

친구의 가슴에
평생 지워지지 않는
푸른 멍 되어

침묵이란 시어로
어둠 속에 내린 달빛도
고개 흔드시네

무심코 불어온 바람으로
내 눈에 되돌려
꽂힌 화살

통증이 와도
모르는 무관심

하나의 반성

시린 계절에
남아있는 잎 하나
털어내고

죽은 모습으로
마음을 비운 대추나무
지난해 보다
더 많은
열매를 맺는다

마음에 들지 않는 나무
얼마나 많이 뽑아 버렸나

흙만 있으면
터를 잡고
햇볕만 있으면 살아가는
선한 나무들

그들에게 무관심했던
내 잘못 하나
찾아낸다

잃어버린 반쪽

딸이 근무하고 있는 병원 건너편 건물에는
친구 남편이 국수 한 그릇 말아먹다 쓰러지며
뇌수술 받고 일 년 넘게
말 못 하고 먹을 수도 없이 위에 구멍 뚫고
반쪽을 잃어버린 채 누워있다

발길이 그곳으로 간 날
살아있는 반쪽이 온종일 아내를 기다리다
발광하고 있던 순간이었다

대롱을 타고 들어가던 음식이
침대 위로 떨어지고 내놓지 말아야 하는
거시기를 들어낸 채
아무도 알아들을 수 없는 소리를 질러대고 있었다

간호사가 와서 사랑 대신 소리를
질러대고 돌아가고 해도
참을 수 없는 그 사람의 마음 상황은 마찬가지다

생명 줄이 순간마다 끊어질 듯 이어지는
양로원에서의 반쪽모습

이사

달이 보이지 않는
칠야의 밤이라 해도
무엇이나 찾아낼 수 있었던 정든 집

손때 묻은 추억들이
아픔으로 활개를 치고
선택의 기로에서 걱정스레 바라보는
어두운 모습들

머물러라 잡아당기는 흔적들이
난도질한다

세월 따라 필요에 따라
떠나야 하는 마음이 찢기고

집 앞엔 팔아야 한다는
간판 하나 낯설게 붙고
뒤뜰엔 장미꽃들이
그 어느 때보다 예쁘게 피어있다

유월의 성심

무릎 꿇고 두 손 모아
허리를 굽혔습니다

주님만을 생각하겠다고
두 눈을 감습니다

하얀 구름 위에 두 팔 벌리시고
열절하신 주님 마음보여 주시는
모습이 조금씩 보입니다

주여!
믿음 깊은 사람으로 살고 싶습니다

햇볕마저 사랑의 성심 닮고 싶어
뜨겁게 내리쬐는
유월의 한낮입니다

티켓 받던 날

집을 나서서 1마일도 안 되는 곳에서
경찰차가 따라온다
머린에버뉴에 속도 제한이
몇 마일이냐고 묻는다
35마일

자신 있는 정답도 필요 없었다
이민 온 지 20년 만에 슬로우 드라이버인 내가
47마일로 달렸다는 속도위반에 걸렸다

매일 똑같은 길을 달리던 선상에서
급한 볼일이 있는 것도 아니면서

노란 티켓 하나 던져주고 드라이브 세이프
차를 세울 때만 해도 멀쩡하던 다리가
후들거린다

가던 길을 포기하고 집으로 돌아와

티켓에 쓰인 코트의 위치를 찾는다
7마일 잉글우드 법정에는 여름꽃이 한창이었는데
줄 서 있는 사람들의 얼굴들은
내 볼처럼 부어있고
까만 사람들만이 창구마다 돈을 받아드린다

돌아오는 바로 그 길로 차들은
내 속도보다 훨씬 빨리 달리는데
경찰은 어디 갔을까
코로나로 가난해져 가는 세상 창가로 들어온다

화려한 꿈을 안고 미국에 이민 오던 날
비행장에
먼 땅으로 보내기 아쉬워 울고 계시던
엄마 가슴으로 뛰어들고 싶은 날이다

빙하의 꿈

작은 해가
금빛을 건네는 유월 말
나는 보았지

추워서
하얗게만 살던 만년의 얼음산
햇볕만 나면 돌돌 녹아내려
바다로 뛰어드는 하얀 넋들

고운 옥색 꿈꾸며 용해하는
빙하의 눈물
커다란 해가 내리쬐는
바다로 흐른다

레돈도비치로 돌아온
내 바닷가에서
자기 색깔도 잊어버린 채
고향으로 갈 수 없는

까마귀처럼 까__악
까맣게 운다

알래스카 유빙의 눈물을
잊으려 한다

불바람

며칠째 눈물 쌓인 비를 기다린다
눈뜨면 쌓여있는 차를 덮은 먼지
귀찮다는 생각을 떨쳐버린다

한 줌만 훔쳐내려도 뿌옇게 날리는
검은 재들을 쓸어내며 기도한다

한순간에 모든 재산을 잃어버린
사람들에게
아무것도 도울 수 없는 미안한 마음

하늘이여
당신의 눈물을 뿌려주소서
미쳐 활개 치는 화염으로 내려주소서

삶을 지탱하게 해주었던
사랑했던 것들을
남김없이 앗아간 불 악마를 꺼주세요

불바람이 불바다를 이루고
전쟁하고 있어요

내 사랑하는 님은

봄에는 님의 마음 잡을 것 같아
봄보다 예쁘게 차려입고 사뿐 걸어갔는데
님은
사방천지 진달래에 마음 뺏겨 계세요
아,
나, 진달래 되고 싶어

여름엔 님의 마음 잡을 것 같아
여름보다 더 나비처럼 달려갔는데
님은, 내 사랑하는 님은
언덕 위로 뭉게뭉게 피어오르는
하이얀 구름에 마음 뺏겨 계세요
아,
나, 뭉게구름 되고 싶어

가을엔 님의 마음 잡을 것 같아
가을보다 더 곱게 단풍들어 걸어갔는데
님은, 내 사랑하는 님은

나뭇잎 적시는 가을비에 마음 뺏겨 계세요
아,
나, 가을비 되고 싶어

겨울엔 님의 마음 잡을 것 같아
겨울보다 더 깊어가는 눈처럼 다가갔는데
님은, 내 사랑하는 님은 보이지 않고
눈만이 사방천지 아득하네요
아,
나, 봄 여름 가을 겨울
내 사랑하는 님 그리는 사랑이어요

전화가 끊어지고

용무만 마치고
매몰찬 듯 끊어지는
전화의 마침표가 좋다고들 한다

무엇이든 신속히
해결하는 인터넷 세상

컴퓨터를 몰라
머릿병이 든 사람들은
노래방에서 스스로 가수가 되어

신세대에 적응하기 어려운
스트레스를 푼다

전화만의 인사로도
고마움을 간직하는
따스한 마음이 그립다

사랑도 클릭으로 시작하고
클릭으로 끝나는 사람들
잃어가는 마음이 몹시도 그립다

마른 잎

바람이 떨어트린
얇은 나뭇잎

행여 워커에 밟힐까 떨며
길가에
보일 듯 말듯
작은 잎

홀로
겨울 걷는 시인 눈에 띄어
그분의 시집 속에
끼여지기를
기다리는 잎새

한때는
푸르름에 촉촉이 젖은
나무에 안겼던 그리움

빛과 바람으로

말려진
마른 잎 하나 줍는다

나무야

매일 하나씩 죽여야
올라갈 수 있는 이름
미를 사랑하는 사람에게도
죽이다 죽이다
탐욕이 번득이는 눈들뿐

나무야
선한 나무야

하늘만
구름만 그리고 땅만
생각하는 나무야

맑은 공기 만들어
쉼을 나주던 너
잘려서도 하얀 피만 말릴 뿐
말이 없구나

늘 푸르던 나무야

소리 없는 애국 통곡

싸우는 소리만 들린다
부자도 권력자도 아닌
고향 떠나 사는 이민자의 통곡

엄마의 봉분이 있는 내 나라
약해져 가는 소식들에
무능한 한숨이 애달프다

원수들이 노리고 있는 나라 생각
자신의 이익만을 위해

정의를 잃어버린 한심한 지도자들
개인 삶의 도구처럼
경쟁만 하고 있구나

나라 위해 목숨 바친
유관순 여사가
자꾸만 생각난다

해피 핼러윈

시월의 마지막 날
앞마당에 모닥불 피워
예쁘장한 귀신 차림에
하얀 옷 입히고 가족들과 함께
맥주를 나누며

추리키 추리(tricky treat)로
찾아오는 다양한 방문자들의
흥겨운 인사가 나누어진다

피부가 까만 흑인 소녀 공주
빗자루 탄 멕시칸 기사 소년
나비로 장식한 젖꼭지 문 아기에게로

재미있는 어린이들의 잔치에
영글어 가는 가을 별들이 내려와 함께
웃음과 평화를 태운다

5부

엄마 왜 울어

일요 일기

깨끗한 옷 입고
일요일엔 성당에 간다

엄마는 하얀 기도 나는 빨간 넋두리
나란히 무릎을 꿇는다

십자가 예수님
똑같이 측은한 은혜
나에게는 착한 마음
엄마에겐 자장가로
고개 끄덕이게 하신다

돌아오는 길
만나는 이웃마다 반가워하며
나눔의 인사

엄마는 전교
나는 노래방 이야기

눈물

보이지 않으려고
자욱한 안개 속으로
도망치는 아이의 눈물방울
가슴에 대못으로 박힌다

그 많은 못을
녹일 수 없어 아픈
나의 눈물은
황 못
놋강이 되고 있다

아이의 참사랑을 보았고
그 실연의 아픔을 보는 엄마

바람도 모두 젖어
비로 내리고
광란 바다도 무섭지 않은
백지의 마음이어도

바래버린 첫사랑처럼
새하얀 종이로 바뀔 수 있을까

뽑을 수 없는 못
황색 눈물

장례미사에 참석하며

장례미사 때마다
엄마를 보내고 있다
많은 달력을 떼어낸 서러움은
그분을 위한 찬송에 벙어리가 된다

고인만을 생각한다는 결심이
성당 입구에서부터 깨어진다

잊을 수 없는 통곡
제 서러움으로 번져
관속에는 엄마가 누워있고
가족 가운데는 나 혼자 앉아있다.

수술회복실에서
아내가 깨어나기를 기다리다
사망하신 분

장례미사에 무사히 참석하기 위해

온몸으로 울음을 참고 있다

당신의 전생을 먹어버린 부서진 약속이
살아가는 이유가 되어
장례 때마다 새마음으로 거듭난다

고인만을 위한 기도만을
할 수 있을 때
홀로 설 수 있을 거니까

타향살이

엄마가 무심코
흥얼대는 타향살이 노래
어느 날 가슴을 멈추게 했다

나의 효도에 속으셨을까

미국에 딸 하나 보고
팔십사 세로 십사 년의 타향살이
이젠 비행기 타기가 힘들어
고향은 꿈

가도 그만 와도 그만 언제나 타향

육십 년 전 나를 낳으시고
나라 잃은 설움으로
일본에서의 타향살이
내 고향은 엄마의 타향

엄마의 단 하나 십팔번 노래가
가슴을 치던 날
심청 연꽃을 마음에 심었다

잡곡밥

고향의 향수로 밴
농사 텃밭에서 튼실히 자란
벼 보리 콩, 팥

잡곡밥 만들며
그 옛날 가난을 밀어내네

쌀밥 하나로
겹핍된 고독이 귀리랑
색깔도 고운 강낭콩이랑 섞이며
서러움도 밀어내네

떨어진 이삭들이
찜통 속에 모여
비비는 땀
마음을 푸네

뜨겁게 부풀기며

각자 모습을 드러내고
하나가 되는 물들여진 밥
맛으로 건강으로
화합하는 공동체

밥통 속에서 알콩달콩

팜스프링에서

산 넘어 노을 위에
온 누리별이 내려다보는
팜스프링
피곤한 여정을 따뜻한 온천에 담근다

봄을 익힌 사월의 산바람이
촉촉이 물오른 얼굴 식히며 지나간다

머리에는 비
저 건너 하늘동산에선
내려오는 해

방울을 튀기는 분류식 기포탕에서
지금도 오순도순
가족들이 모인 고향별을 찾는다

풍전기 바람개비를 지나
종려나무에 둘러싸인 사막의 길목

하얀 풍차는 칼날을 신나게 돌리고
숨 막히는 생활 속에서 앓고 있는
향수병도 돌려주려나

바람난 들

바람이 좋아
바람나
들로 나가 옷고름 푼다

성숙한 삼월은 나를 반기고
서로를 나누는 우리

알몸으로 뒹굴며
달구어진 온몸

흔들리던 초원에서
진달래 꽃잎 따
떨구어 우려낸
분홍빛 냉차를 마신다

한 그루 소나무로
바람이 지나간다
봄바람 속에 파묻혀

가슴으로 일던 설렘

나는 옷고름을 다시 매며
내일을 본다

마지막 저녁 하늘

_레이건 대통령 장례식을 시청하며

큰 사람을 보내는 나무들의 눈물
좋은 사람을 보내는 땅의 아픔

풀잎까지도
위대한 업적을 남긴 양을
보내고 있기에

가슴을 흔드는 작별의 물결이
출렁인다

엄숙하고 성스러운 장례식
남편을 보내며
팔십이 넘은 연약함으로도
몫이 큰 아내의 모습으로
역사에 남기고 있는 의지가 놀랍다

성당의 만종 소리
마지막 노을로

하나의 별을 떨어드리고
가슴으로 울렁이어 창문을 여니

아름답게 사라지는 황혼이
앞산 끝에서 내려다본다

국화차

소쩍새 밤새
울어 피었다던
하얀 국화꽃 한 송이
소복 입고 겨울 문까지 걸어왔네

모두 보내고
홀로된 여인의 머리핀으로
기도하다 마른 꽃

찻잔 속에서
향으로 오르며
요술 램프처럼 피어나는 꽃잎
춤을 춘다

시가 되고 노래가 되고
등잔불 피우는 친구도 되고
한잎
추억 뜨는 차를 마신다

엄마 왜 울어

엄마가 보고 싶을 때마다
거울을 본다

팔십사 세로 돌아가신 엄마가
그 속에 있기 때문이다

울고 있는 엄마 얼굴
엄마 왜 울어

허리가 너무 아프다
무릎이 많이 아프다
엄마가 죽도록 보고 싶다

내가 고통스러울 때마다
말없이 괴로워하시던 엄마의 기억
거울 속 엄마를 부둥켜안고 운다

못다 한 그리움까지 차오른다

신문을 보며

여행이 고픈 발길이
로스앤젤레스 타임스지에 찍힌 사진

십자가가 보이는 교회계단에
담요 한 장으로
겨울을 지나는
집 없는 천사들의 모습

입구에는
환경 위법으로 벌금 천 달러의 고지서

건너편 호화로운 식당에선
돈으로 살 수 있는 외로움들이
값비싼 포도주를 마시고 있고

베드로의 열쇠를 얻기에
가장 가까운 곳이라 믿는 믿음은
바람보다 찬 시멘트에서

올라오는 냉기를 기도라 한다

경찰이 부쳐놓은 경고장이
기도문이 되는 나눔의 사랑으로
해결되었으면 하는 바람

삶의 일 편을 돌아보게 하는
마음의 여행지에서 숙연해지는 사진

건반과 이별

어머니 병석에 누우시고
먼지 쌓인 피아노
집 팔고 아파트로 이사하며
가져갈 수 없는 하얀 건반이
반쪽이었던 반음을 잃는다

나의 이민 역사와 함께
곁에서 삶을 지탱해주던 피아노

이별의 쏘나타
빛 잃은 노안이 젖고
손가락 여위어 가는 노을
소녀의 기도가 얼룩진다

건반마다 찍혀진 지문의 추억
어린 제자들의 얼굴
끝내 연주하지 못했던
아름다운 곡들

가슴속 파도가 분수 되어 솟아오른다

물방울 드레스를 걸치고
절규의 춤을 추고 있는 두 발바닥이
아픔을 소리치고 있다

추억만이 고향이다

삼십 년 만에 고향을 찾아갔다
눈에 띄는 간판은
미국의 나 사는 곳보다 더 낯선 외래어들뿐
나, 숨바꼭질하던 골목 이름도
영어보다 더 영어다운 이름 속에 묻혀버렸다
이제는 오직 추억만이 고향이라는
먹먹한 슬픔이 발길을 잡아 묶는다

고향 싫어 떠나놓고는 그리워한다는 말
이해할 수 없다고
한평생 고향을 지켜온 동생의 빈정대는 위로에
가슴을 덮치는 태평양 파도 같은 뒤늦은 참회여

계속되는 동생의 이해할 수 없다는 원망의 반박이
고스란히 담아온 추억의 하나하나
잊게 만들어도 끝내 놓지 못한 채
온종일 찾으려 헤맨 나의 골목 나의 고향

어릴 적 물장구치던 동네 앞바다는
육지로 바뀌고 우뚝 솟은 아파트들 사이에
고향은 흔적도 없다
모래를 집어 올린다.
두 손 사이로 빠지는 모래 속에 내 유년의 추억은
한 알도 남아 있지 않았다

저 멀리 바다를 바라본다
가슴속 어디선가 갈매기가 날고
목까지 차오르는 울음소리 태평양을 나른다

눈 이야기

애견만이 들을 수 있는
고요한 소리로
한 해를 보내는 밤

하얀 눈을 찾아 떠난 시인은
눈 좋아하다
폭설 속에 갇혀 꼼짝 못 했다는
하얗게 눈 소식을
들려주는 너털웃음에
쫑긋한 두 귀가 들어간다

누군가의 전화를 기다리던
외로운 등을 쓸어내리는
반가운 목소리
이삿짐에 깜박 삽을 잃어버려
하얀 나라의 곰이 될 뻔했다는
전화 한 통이 설레고

그늘진 응달의 잔디에도
눈이라곤 볼 수 없는
로스앤젤레스의 햇빛 아래
육각형으로 모난 내 마음은
눈꽃이 되어 날린다

잭팟

결혼 후
건강이 좋지 않았던 딸
그 길던 십 년이 지나서 잭팟을 터뜨렸다

아들딸
매일 밤잠을 설쳐도 행복하다는
쌍둥이 엄마 나의 딸
손자 손녀 한꺼번에 잭팟이다

죽는 날까지
사라지지 않을 나의 자산

슬픈 시들이 싫어 접었던
나의 시
기쁨으로 환원하는 꿈을 짓는다

열매가 익을 때 떠난다

이삿짐을 꾸렸다
필요한 것만 챙겼다
이 집 살면서 어딘가 허전하여
내 손때 묻은 먼지 한 움큼도 묻혔다

장미밭으로 내려서다가
헛짚고 허공을 잡네

눈 가득 들어서는 대추나무
열매가 주렁주렁 달려있다
고향 떠나올 때 가방 속에
숨죽여 따라온 이민의 내력
훌쩍 열 자나 자라 담 위로 세상을 바라보는데

한 알 따서 깨무는 순간
입안 가득 차는 유년의 고향 맛
여섯 자 삽자루 같은 굵은 뿌리들이
나를 부른다

작은 새

날개 잃고 뒤뚱대다
땅에 떨어지는 찰나
애견 마리가 낚아챈다

피 흘리면서도 치료해주는 손 물며
어미를 부르는 새끼 새와
마리 때문에 올 수 없는 어미 새가
가슴을 가르며 울어댄다

약발라 푸른 잎들 사이로
올려놓으니
작은 주둥이로 있는 힘 다해
새끼를 물고 나른다

얼마 못 가
다시 떨어지는 새
눈 껌벅임도 멈추고
체온이 식어간다

속수무책으로 새끼를 보내야 하는
구슬픈 신음으로

꽃묘를 만들어 주는 동안
머리 위로 빙빙 돌기만 하는 새

마리가 노리고 있는 위험 속에
낮게 나르며 우는 모습
오랫동안 앓고 있는 딸 가진
나의 안타까운 몸짓이다

노인의 길

어느 날 목이 아파지더니
치료가 끝나나 할 즈음
이빨이 아파졌다

겨우 숨 돌릴 때 귀가 어두워 왔다
생각보다 앞서 실토를 하는 몸뚱어리가
나를 무색하게 한다

쉴 틈 없이 찾아오는 고통에
무릎이 맞장구쳐 수술하고
그보다 더 아픈 물리치료에 살고
나는 한 몸이라며 찾아온 발목 수술에
세월은 잘도 흘렀다

잠 못 드는 시간이 늘며
이 설은 길로 말없이 가신 어머니가
그리워진다

밤새 엄마를 부르다 깨어난 새벽
젖은 눈 비비며
희망에 목숨 걸고 살아왔던 수많은 꿈이
손 그물 사이로 새어 나오는
모래알처럼 사라진다

가을 강

낙엽이
꽃잎으로 흐른다

바람이 흐르고
봄 이야기도 흘러간다

구름이 잠시
떨어진 낙엽 사이로
비치는
거울 앞에 머물고

물 마시던 다람쥐는
단풍잎 물고
물끄러미 쳐다본다

가을 강이
봄을 업고
고향으로 가고 있다

마리의 왈츠

쇼팽의 3박자를 까먹은
'강아지 왈츠'를 들려주는 마리

반갑다고 흔들어대는 꼬리 춤에서
여우처럼 나르듯 맴도는 날쌘 재주
나만을 사랑한다는 충실한 교태를
맑은 눈빛으로 보여진다

엄마 얼굴도 익히기 전
울어 대던 마리를 데려오던 날
잊을 수 없다

젖 떨어져 울던 마리와
정들며

그날의 엄마 모습을 닮아
가르치지도 아니한 피아노를
땅 위에서 치는 영재 마리

글 쓰는 행복

수많은 시간
글을 만든다

조금씩 사람이 되어가던 보람
멈출 수 없었던 길

귀화한 땅에서
조국의 냄새를 맡았었다

한국인으로 사는데
긍지를 주는 시가
날마다 좋았지

어릴 적 내 모습을 떠올리며
어머님 냄새를 짙게 해주던 시
날이 갈수록 내 곁으로 다가왔지

순화되어가던 나의 우리말 공부

짙어가던 그리움에

시 쓰는 행복

사랑의 노래

꿈속에서 아주 멋진 시를 쓰다
후다닥 일어나 잡는 펜

어느새 달아난
고운 시어들

아쉽기만 한
시인의 꿈

번쩍이던 눈빛이
분홍장미의 이슬처럼
사랑스러웠던 소녀의 사랑

흠뻑 젖어
두근거리던 가슴은 여전한데
읊어내라던 시를

다시

쓸 수 없는
새벽 3시

작품 해설

비움과 기도의 서정

이승훈(해드림출판사 대표)

비움과 기도의 서정

-인간과 신, 삶과 죽음의 경계에서

정문선 시집 [내 사랑하는 님은]은 다섯 개의 장(**「풀꽃 할머니」**·**「엄마의 눈」**·**「그림자」**·**「드릴 수 없는 기도」**·**「엄마 왜 울어」**)을 따라, 한 개인의 생애·신앙·이민의 시간·가족의 사랑이 서로를 비추며 공명하는 '기도의 연작'으로 도 읽힌다. 무엇보다 눈에 띄는 미덕은 사실을 미화하지 않으면서도 끝내 아름다움으로 데려가는 시적 윤리다. 「자카란타 나무 아래서」에서 "모두 비우고 남김으로 아름다울"이라는 역설적 문장은 이 시집 전체의 미학을 선명히 드러낸다. 상실과 노쇠, 병과 이별 - 통속적 비애로 기울 수 있는 재료들이, 기도·향기·빛·바람과 같은 미감적 매개를 통해 품위와 연민의 정동으로 승화된다.

정문선 시들은 이미지의 결이 유난히 섬세하다. 꽃(**국화, 목련, 장미, 코스모스**)과 나무(**자카란타, 담쟁이, 소나무**), 물성(**눈, 바다, 비, 소금, 재**), 신앙의 사물(**묵주, 성체, 촛불, 십자가**), 일상의 사물(**전화, 창문, 머리핀, 워커**)이 촘촘히 얽혀 한 편의 '감각지도'를 만든다. 이 지도는 공간적으로는 서울·진해·LA0데스밸리·록키로 이어지고, 시간적으로는 유년과 청년, 모성의 세월, 노년의 회한을 관통한다. 그래서 「하얀 국화의 눈물은」 같은 사회적 비극의 기록도 「큰별」, 「올림픽 소식」의 공동체적 감격으로 균형을 맞추고, 「게티센터를 찾아」·「캐나다 록키로」·「데스밸리의 비밀」의 여행시는 '풍경의 장엄함'이 아니라 그 앞에서 작아지는 '인간의 겸허'를 노래한다.

언어의 태도는 담백하고 맑다. 감정을 과장하지 않고 짧은 행과 단정한 문장으로 호흡을 고른다. 이 호흡은 낭송의 율격을 만들어, 기도문처럼 되풀이될 때 가장 큰 울림을 낸다. 특히 모성의 축(**「드릴 수 없는 기도」, 「엄마 왜 울어」, 「어머니」, 「엄마의 눈」**)은 이 시집의 심장부다. 사랑의 절정이 때로 '해줄 수 없는 것'

앞에서 무너지는 그 단층이, 말수를 줄인 고요 속에서 더 또렷해진다. 신앙의 축(**「십자가 아래에」**, **「영성체의 힘」**, **「종부성사」**) 역시 관념의 설교가 아니라 육신의 체험과 습속 속에서 발화되기에 설득력이 깊다. 또한 동물과 사소한 사물에 대한 시선(**다람쥐·마리·쌀벌레·작은 새·마른 잎**)은 세계를 대하는 시인의 상냥함을 증언하며, 큰 사건과 작은 일상의 스케일이 한 권 안에서 자연스럽게 호응하도록 한다.

정문선 시들은 산문시와 자유시의 경계를 유연하게 오가며, 장면 전환이 영화의 몽타주처럼 매끄럽다. 「우체국에서」처럼 간결한 스케치가 있는가 하면, 「드릴 수 없는 기도」처럼 한 문장이 오래 머무는 곳도 있다. 그때마다 정조는 흔들리지 않는다. "기다림보다는 다가가는 것이 지혜롭다"는 문장처럼, 이 시집의 화자는 삶을 기다리는 대신 걸어가며 배우고, 아픔을 단정히 받아 적는다. 그 단정함이 바로 이 시집 [내 사랑하는 님은]의 품격이다.

따라서, 이 시집은 개인사와 공동체사, 신앙과 일상, 이별과 환희를 한 언어의 온기로 묶어낸 '사려 깊은 기록'이다. 읽고 나면 마음속에 잔잔한 촛불이 하나 켜진 듯, 슬픔은 덜어지고 숨은 감사가 떠오른다. 꽃과 기도, 창문과 바다, 어머니와 딸, 나라와 이민 - 다양한 축들이 한 방향으로 가리키는 것은 "아름다움으로의 귀환"이다. 오래 곁에 두고, 계절마다 다시 펼쳐도 좋을 시집이다.

필자는 책을 만드는 사람이지 평론가가 아니다. 따라서 시인의 작품들을 이론적으로 평가하고 분석할 능력이 못 된다. 다만 한 권의 시집이 세상에 나오기까지 함께 호흡한 편집자의 마음으로, 시인의 시선이 향한 삶의 궤적과 언어의 향기를 독자 입장에서 조심스레 더듬어 보고자 한다. 시평이라기보다, 시를 읽으며 느낀 감동의 여운을 기록한 '독서의 흔적일 뿐이다. 시인의 작품들 가운데 개인적으로 인상 깊었던 몇 편을 골라, 작은 울림을 나누는 의미로 사족(蛇足)을 덧붙여본다.

모두 비우고 남김으로 아름다울
노인 아파트를 지키듯 나란히 서 있는 자카란타 나무

잔가지를 건드리는 바람에서도 기침 소리 들리며
산통 같은 아픔으로도 그리움만 쌓인다

떨어진 잎들의 숨은 슬픔을 나누다
너도나도 자카란타가 되어버린
보랏빛 잔디의 향기를 맡으며
잃어버린 세월을 기도로 내리우는 우듬지
가장 고운 향기가 난다

좋은 것은 자식에게 주고
뼈만 남아 촛불을 태우는 꽃들의 향기에는
딸내미가 목숨을 잃으려 할 때
꺼져가는 숨을 살렸던 사랑이 있다

산다는 의미를 알고자 하는
노을 지는 하루의 끝에서
-〈자카란타 나무 아래서〉전문

노인 아파트 앞 자카란타 나무는 '남김으로 아름다움'을 체현하는 상징물이다. 잎과 바람, 기침 소리가 겹쳐 노년의 육체적 고통을 환기하지만, 동시에 보랏빛 잔디의 향기와 우듬지의 기도로 승화된다. 낙엽의 '숨은 슬픔'을 함께 나누는 장면은 공동체적 애도의 분위기를 만든다.

'좋은 것은 자식에게 주고' 남은 뼈를 태우는 꽃의 형상은 헌신과 소진의 모성 신화를 압축한다. 꽃 향기 속 '사랑의 구원'(꺼져가는 숨을 살렸던 사랑)은 상실의 시간 위에 남은 은총이며, '기도하는 우듬지'는 기억을 하늘로 올리는 제의적 장치다.

이 시는 노년·상실·기도를 '비움'의 언어로 엮는다. 자연과 인간의 생애 주기가 교차하며, '비워서 남기는 것'이야말로 삶의 품격이라는 성찰을 전한다. 자카란타의 보랏빛은 애도의 색조이자 초월의 빛깔이다.

숭례문이 불타고 있는 엄청난 속보
태평양 건너 미국까지 들려오는
심장 터지는 소식

화염에 싸여 동동거리는
백성들의 놀란 눈에서

타고 또 타더니 무너져 내린다

한 사람의 미움, 한 사람의 잘못이
대한의 수도 서울 한가운데 우뚝 서서
자랑으로 지켜오던 숭례문에 불을 질렀다

있을 수 없는
있어서는 안 되는 처참한 광경
멀리 와 있어도 마주하던
숭례문 기왓장이 허물어질 때
고향을 떠나온 우리도 주저앉는다

육백 년간 이어온 조상의 넋이
검게 탄 기둥만 남은 뒤늦은 참회는
하얀 국화들의 눈물은 언제나 그치려나
- 〈하얀 국화의 눈물은〉전문

숭례문 화재라는 공동체적 재난이 태평양을 건너간 '속보'로 서술될 때, 시의 시점은 이민자의 원거리 응시를 취한다. '한 사람의 미움, 한 사람의 잘못'이 국가적 상징을 무너뜨리는 비극으로 과장 없이 수렴되며, 화자는 '멀리 와 있어도' 무너지는 감각을 공유한다. 이때 '하얀 국화'는 추모의 상징이자 뒤늦은 참회의 표상으로 기능한다.

'육백 년간 이어온 조상의 넋'이라는 역사 시간과 '검게 탄 기둥'의 물질적 상흔이 대칭을 이루며, 전승(넋)과 파괴(기둥)의 대비가 선연하다. 그러나 시는 단순한 분노로 닫히지 않는다. '하얀 국화들의 눈물은 언제나 그치려나'라는 질문형 결말은, 애도의 지속성을 받아들이는 윤리적 입장—기억의 의무—를 남긴다. 국가와 디아스포라, 기념과 상실이 국화의 색채 속에서 정결하게 재조정된다.

남편도 가고 엄마도 떠나고
세월의 주름 사이에 젖어
뒷걸음 걷던 어느 날

하나뿐인 딸에게서
오랜만에 걸려온 전화로
절규하는 목소리

딸내미가
죽을병에 걸렸다고

지옥으로 떨어지는
통곡의 소리
너무 아프다

주여
어찌하여 어찌하여
저를 버리시나이까
먼저 간 당신들이
행복이었던가
- 〈날벼락〉전문

'남편도 가고 엄마도 떠나고'라는 상실의 누적 위에, '하나뿐인 딸'의 중병 통보가 '지옥'의 함몰로 떨어진다. 시는 상투적 위로를 거부하고 '어찌하여…'의 탄원으로 직진한다. 성서적 절규가 사적 고통과 포개지는 순간, 신앙은 답이 아니라 질문으로 남는다.

이 작품의 힘은 감정의 즉시성과 간결한 호흡에 있

다. '통곡의 소리 / 너무 아프다' 같은 짧은 행들은 수사 대신 맥박을 드러낸다. 상실이 차례로 발생하는 여성 생애사의 현실(배우자·모친·자녀)은, 돌봄의 방향이 뒤집히는 역전의 비극을 환기한다. 신에게 건네는 항변은 신앙의 결핍이 아니라, 신앙이 감당해야 할 인간적 진실의 무게로 읽힌다.

매화꽃 다듬어. 꽃꽃이하고
따끈한 차 한 잔으로
봄의 향기에 취해 쓴 편지
수신인 없어 내 마음으로 부친다

앞마당은 나비들이 수놓은
한 폭의 넓은 병풍
하늘이 내리는 은혜의 꽃들이
피어난다

외로움이 부끄러워
풀 뽑는 손
행복한 농부를 닮고 싶어

지난가을부터 낙엽 따라 터져버린

7도쯤 기울어진 고독을 쓸어내는
봄꽃 피는 뜨락에서
기습 찬바람을 몰아낸 봄에
빛고운 연둣빛 아기 순이 되어
태양을 향한 환한 날갯짓하고
감사편지를 띄우고 싶다
– 〈봄 편지〉전문

수신인이 '내 마음'인 편지는 외부로 향하는 통신이 아니라 내향적 기도의 형식이다. '나비들이 수놓은 병풍' 같은 전원적 이미지는 도시 이민자의 내면에 깃든 '고향성'을 환기하고, '7도쯤 기울어진 고독' 같은 기발한 수치화는 감정의 구체적 질량을 부여한다.

봄의 기세는 단순한 계절감이 아니다. 화자는 '연둣빛 아기 순'이 되어 다시 태어난다. 자연의 윤회 속에서 자아 갱신을 꿈꾸는 이 장면은, 신앙의 '감사 편지'와 미묘하게 겹친다. 봄은 자연-신앙-자아 회복이라는 삼중의 치유 동력으로 작동한다.

문학상 받으러 가는 내 고향
내 몫의 행운을 찾으러 가는 본향
영하의 추위에 웅크린 싱싱한 12월의 고국 땅

쓸어모은 단풍잎으로 모닥불 피운 재가
휘날리던 향수로 멈출 수 없던 그리움
닫을 수 없는 눈물샘
가슴이 아파져도 고향으로 가는 마음 따뜻하다
하늘엔 구름 배가 몰려다니고
비행기는 그 위를 큰 새가 되어 날아간다

많이도 변해버린 거리마다 감회가 어지럽다
사십 년 만에 밟아보는 대한민국 서울의 거리
미니스커트에 하이힐의 내 모습
하얀 눈길에 서서 하늘이 울릴 웃음을 웃어댔는데
친구는 어디에 있는지
세월이 준 이별에 추억만이 목젖을 울린다

그동안 두 서너 번 왕복하긴 했어도
거동이 불편한 어머님 곁에만 맴돌았을 뿐 후회는 없다

엄마가 좋아하실 상 자식이 잘났다는 상
지금도 엄마가 계시면 그 곁에 있을걸 …
– 〈고향으로〉전문

문학상 수상이라는 공적 사건과 '엄마가 좋아하실 상'이라는 사적 욕망이 교차한다. 비행 경로와 구름, '큰 새가 되어' 나는 비행기의 이미지가 화자의 귀환 서사를 상징화한다. 그러나 귀환은 온전한 환대가 아니라 '많이도 변해버린 거리' 앞에서의 어지럼으로 경험된다.

결말부의 반전-'지금도 엄마가 계시면 그 곁에 있을걸'-은 상의 목적을 뒤집는다. 성취의 기쁨을 모태의 부재가 압도한다. 이 작품은 '귀환'이 공간 이동이 아니라 애도와 화해의 심리적 동선임을 말한다. 이민의 시간은 성공 서사가 아니라, 미루어진 효심과 뒤늦은 참회의 문장으로 기록된다.

내가 죽으면 눈은
눈먼 사람에게 기증하여라

칠흑 같은 어둠에서
광명한 새 세상을 살게 될
그 사람으로
사랑하는 너를 다시 보게 돼

좋은 눈을 가졌다고
자랑으로 사시던 엄마의 눈
갑자기 혈관이 터져
시력을 잃었다

다짐하고 타이르시던
따뜻한 엄마의 꿈은 사라지고
슬픔은 등대 없는
밤바다로 흘러간다
– 〈엄마의 눈〉 전문

'눈'은 시력과 사랑의 동음이체적 상징이다. 기증의 유언은 타자의 시야 속에서 다시 '너'를 보겠다는 역설적 약속으로 제시된다. 그러나 현실은 '혈관이 터져 / 시력을 잃었다'는 폭력적 단절로 응답한다. 빛을 주던 눈이 어둠으로 전환되는 순간, 세계의 등불 '등대'가 바다로 '흘러간다'.

이 시는 감정 과잉을 절제한 단정한 구문으로, 상실의 깊이를 더한다. 시력의 소거가 관계의 소거로 미끄러지지 않도록, 화자는 '다짐하고 타이르시던' 어머니의 음성을 잠시 소환한다. 빛의 상실은 곧 언어의 상실이기도 하다. 그래서 시는 더욱 침묵의 형태-짧은 행, 공백-를 택한다.

빛이 내리는 곳엔
어느 것 하나
그림자 없는 것이 없네

바닷바람으로 부서진
잔돌까지도 그림자를 드리우고
등불이 흘깃 쳐다보는 옆 광이 내린
긴 그림자
깃털처럼 가볍다

밟히고 꺾여 저도 묵묵히 따르는 분신

밤새 재운 맑은 호숫가에
서고 싶은 꿈

바깥출입을 할 수 없는 병실에서
줄어든 그림자
가끔
친구들 찾아오는 날이
제 그림자 보는 날이라네
– 〈그림자〉전문

'빛이 내리는 곳엔 / 어느 것 하나 / 그림자 없는 것이 없'다는 첫 구절은 존재론적 법칙을 선언한다. 이 법칙은 곧 병실의 '줄어든 그림자'라는 구체적 현실로 좁아든다. 바깥의 '긴 그림자'와 병실의 '줄어든' 그림자의 대비는, 활동성과 폐쇄성, 자유와 구속의 분할선을 그린다.

흥미로운 것은 '제 그림자 보는 날'이 '친구들 찾아오는 날'이라는 역설이다. 타자의 방문은 자아 확인의 계기가 되며, 그림자는 타자의 빛에 의해 길어지는 자아의 형상이다. 그림자 시학은 곧 관계 시학이다. 존재는 고립이 아니라, 빛과 타자, 시간의 각도에 의해 변주되는 반영임을 담담히 보여준다.

어머니로부터 받은 신앙
기도로 성당엘 간다

발길을 서성이게 하는
미운 사람이 걸어가고

오른편엔 평생
원수로 살고픈 사람이 앉았는데도
"용서하라"

어머님 말씀
겸손한 걸음으로 성당엘 들어선다

왼손을 오른손 위에 얹고
성체를 받는 순간

예수님이 보이기 때문이다

어머님 딸이 되기 때문이다
참된 나 자신을 보기 때문이다

성체를 모시고 제자리로 가는 동안
두 손의 합장에
천사 닮은 고운 마음이 되기 때문이다
– 〈영성체의 힘〉전문

이 시는 가톨릭 신앙이 화자에게 주는 윤리적 효과를 '자리-동선-손'의 물리적 감각으로 풀어낸다. '오른편엔 평생 / 원수로 살고픈 사람이 앉았'지만, '왼손을 오른손 위에 얹고' 성체를 모시는 행위가 원한의 비중을 이동시킨다. 의례는 감정을 억압하는 장치가 아니라, 감정의 방향을 바꾸는 몸의 훈련이다.

'성체를 받는 순간 / 예수님이 보이기 때문'이라는 대목은 체험의 직접성을 표방한다. 신앙은 추상적 교리가 아니라 촉각·시각·걸음으로 기억되는 습관의 총합이다. 그래서 결말의 '두 손의 합장에 / 천사 닮은 고운 마음'은 도덕 명령이 아니라 감각의 변용을 말한다. 미움의 관성 위에 의례의 새로운 관성이 덮인다.

봄에는 님의 마음 잡을 것 같아
봄보다 예쁘게 차려입고 사뿐 걸어갔는데
님은
사방천지 진달래에 마음 뺏겨 계세요
아,
나, 진달래 되고 싶어

여름엔 님의 마음 잡을 것 같아
여름보다 더 나비처럼 달려갔는데
님은, 내 사랑하는 님은
언덕 위로 뭉게뭉게 피어오르는
하이얀 구름에 마음 뺏겨 계세요
아,
나, 뭉게구름 되고 싶어

가을엔 님의 마음 잡을 것 같아
가을보다 더 곱게 단풍들어 걸어갔는데
님은, 내 사랑하는 님은
나뭇잎 적시는 가을비에 마음 뺏겨 계세요
아,

나, 가을비 되고 싶어

겨울엔 님의 마음 잡을 것 같아
겨울보다 더 깊어가는 눈처럼 다가갔는데
님은, 내 사랑하는 님은 보이지 않고
눈만이 사방천지 아득하네요
아,
나, 봄 여름 가을 겨울
내 사랑하는 님 그리는 사랑이어요
- 〈내 사랑하는 님은〉전문

사계절의 변주 속에서 '님'은 자연의 풍경들-진달래, 뭉게구름, 가을비, 눈-로 끊임없이 이동한다. 화자는 그때마다 '그것이 되고 싶어'라고 고백한다. 사랑은 소유의 언어가 아니라 변신의 언어로 표현된다. 타자를 붙잡는 대신, 타자의 시선을 따라 자신의 존재를 계절·사물로 변용하려는 열망이 핵심 정조다.

흥미롭게도 겨울에 이르면 '님은 보이지 않'는다. 결락의 계절에서 화자는 오히려 '봄 여름 가을 겨울' 모두가 되는 융합을 꿈꾼다. 부재는 열망의 종결이 아니라 확장이다. 사랑의 '대상'은 유동하며, 그 유동을 추적하는 화자의 '목소리'가 시적 주체의 정체성이다. 계절의 원환은 사랑의 원환으로 닫힌다.

딸이 원한다면 무엇이나 들어 주었다
정성을 다 바쳐 머리와 마음을 조아리고
삶의 터전 집도 주고
바닷속 진주알도 캐 주었다

주일미사 성체가 올라갈 때마다
아프지 않게 해 달라 기도드렸고
침대에 누워있는 아이라도 좋으니
살려만 주십사고 빌었다

그러나
노인도 아닌 젊은 딸이
위암에 걸려 수술해야 한다고
고통 없이 그저 죽게 해 달라는 기도는

순간도 머리에서 떠나지 않은 채

가슴을 치며 할 수 없는 기도였다

영원한 죄로 쓰러져 죽는다 해도
마음을 찢어대는 간절한 부탁을
들어줄 수 없는
엄마가 들어 줄 수 없는 기도
- 〈드릴 수 없는 기도〉전문

이 시의 윤리는 잔혹할 만큼 솔직하다. 화자는 '살려만 주십사' 빌던 기도에서, '고통 없이 그냥 죽게 해 달라'는 요청 앞에서 멈춘다. 이 멈춤이 바로 '엄마가 들어 줄 수 없는' 기도의 자리이며, 사랑의 최심부다. 돌봄의 논리가 더 이상 선의로 정당화될 수 없는 경계, 타자의 죽음을 허락해야만 하는 기도의 불가능성이 적나라하게 놓인다.

그래서 이 작품의 어조는 격렬한 오열이 아니라 낮게 깔린 자책과 침묵이다. '영원한 죄로 쓰러져 죽는다 해도' 같은 과격한 가정은, 사실 의지의 무력감을 감싸는 수사적 과장이다. 신앙과 모성은 여기서 단절되지 않는다. 오히려 서로를 견딜 수 있게 하는 서로의 한계

로서 만나고, 바로 그 한계를 긋는 행위가 성숙으로 제시된다.

엄마가 보고 싶을 때마다
거울을 본다

팔십사 세로 돌아가신 엄마가
그 속에 있기 때문이다

울고 있는 엄마 얼굴
엄마 왜 울어

허리가 너무 아프다
무릎이 많이 아프다
엄마가 죽도록 보고 싶다

내가 고통스러울 때마다
말없이 괴로워하시던 엄마의 기억
거울 속 엄마를 부둥켜안고 운다

못다 한 그리움까지 차오른다

– 〈엄마 왜 울어〉전문

거울 속 '엄마'는 유전과 애도의 합성 이미지다. 화자는 자신의 통증(허리·무릎)을 호소하는 거울 속 엄마에게 되묻는다. 이 역전된 호출-딸이 엄마를 부르고, 엄마가 딸의 얼굴로 울고-는 모녀의 경계를 지운다. 상실은 닮음으로, 닮음은 다시 상실의 반복으로 이어진다.

'철퍼덕'의 의성어가 앞서 다른 시들에서 반복적으로 등장했음을 기억하면, 이 작품은 시집 내부의 기억을 서로 비추는 내부 인용처럼 읽힌다. 말미의 '못다 한 그리움'은 미완의 형태로 남는다. 그러나 바로 그 미완이 화자를 쓰게 만든다. 울음은 멈추지 않지만, 언어는 나온다. 애도는 언어의 층위에서 지속된다.

이상의 시 10편을 가로지르면, 이 시집의 말들은 늘 자연·신앙·모성·이민의 네 축을 서로 엮는다. 꽃과 계절은 신앙의 은총과 통하고, 개인적 상흔은 국가적 기억과 교차한다. 무엇보다 화자는 거창한 이념 대신 '손의 제스처'와 '몸의 동선'으로 마음의 변화를 써 내려간다. 그래서 끝까지 남는 것은 거대한 정답이 아니라, 조용히 무릎을 꿇는 자세-그 자세가 만들어내는 언어의 품격이다.

해설을 마치며

정문선 시집 [내 사랑하는 님은]의 중심 정서는 '비움의 미학'과 '기도의 윤리'로 요약된다. 자연(자카란타, 국화, 가을빛)과 신앙(십자가, 영성체, 종부성사)의 상징계를 일상의 사물들에 겹쳐 씌우면서, 상실과 병고, 이주의 시간들을 '견딤'이 아닌 '돌봄'의 언어로 변환한다. 그 돌봄은 자기연민을 최소화하고 타자를 향해 열려 있으며, 한 사람의 생애사를 넘어 공동체적 애도로 확장된다. 결과적으로 작품들은 "비워서 남기는 것"이 무엇인지를 조용한 목소리로 증명한다.

이 시집에서는 또 형식과 어법의 안정감이 미덕으로 작동한다. 서술적 진술과 이미지의 병치, 짧은 행과 절제된 반복이 만들어내는 리듬은 기도문과 산문의 경계를 왕복하며 독자를 이끈다. 감각의 스펙트럼도 폭넓다. 향(꽃·촛불·빗내음), 촉(가을바람·무릎의 통증), 청(종소리·나팔·숨소리) 등 다감각적 디테일이 서정의 온도를 높이고, 장소성(LA, DMV, 성당, 고향)이 서사적 신뢰를 보강한다. 이러한 정갈한 서정은 개인적 체험을 보편적 정서로 번역하는 힘의 원천이다.

시집의 전체 구성은 '사적 슬픔-공적 애도-영성적 수용-일상으로의 귀환'이라는 호흡으로 읽힌다. 병상과 장례, 재난과 추모를 통과한 후에도 시선은 다시 정원과 부엌, 창문과 테이블로 돌아온다. 이는 고통을 숭고화하는 데 머물지 않고 삶의 자리로 되돌리는 윤리적 결말을 만든다. 특히 모성과 딸의 관계, 신앙과 공동체의 접점, 이민의 시간성과 장소성이 맞물리며 '돌봄의 문학'이라는 오늘의 과제를 설득력 있게 제시한다.

이상으로 정문선 시인님의 맑은 영혼의 작품들을 피상적으로 살펴보았다. 필자의 사족들이 시인의 시적 의도를 훼손시켰으면 어쩌나 염려스럽다. 아무쪼록 이번 시집 발간을 기회로 문운이 활짝 열리기를 소망한다.